ANSIEDADE

Ataques De Pânico, Fobias E Depressão

(Guia De Auto-desenvolvimento Para Se Livrar Da Ansiedade)

Frank Dye

Traduzido por Daniel Heath

Frank Dye

Ansiedade: Ataques De Pânico, Fobias E Depressão (Guia De Auto-desenvolvimento Para Se Livrar Da Ansiedade)

ISBN 978-1-989837-37-5

Termos e Condições

De modo nenhum é permitido reproduzir, duplicar ou até mesmo transmitir qualquer parte deste documento em meios eletrônicos ou impressos. A gravação desta publicação é estritamente proibida e qualquer armazenamento deste documento não é permitido, a menos que haja permissão por escrito do editor. Todos os direitos são reservados.

As informações fornecidas neste documento são declaradas verdadeiras e consistentes, na medida em que qualquer responsabilidade, em termos de desatenção ou de outra forma, por qualquer uso ou abuso de quaisquer políticas, processos ou instruções contidas, é de responsabilidade exclusiva e pessoal do leitor destinatário. Sob nenhuma circunstância qualquer, responsabilidade legal ou culpa será imposta ao editor por qualquer reparação, dano ou perda monetária devida às informações aqui contidas, direta ou indiretamente. Os respectivos autores são proprietários de todos os direitos autorais não detidos pelo editor.

Aviso Legal:

Este livro é protegido por direitos autorais. Ele é designado exclusivamente para uso pessoal. Você não pode alterar, distribuir, vender, usar, citar ou parafrasear qualquer parte ou o conteúdo deste ebook sem o consentimento do autor ou proprietário dos direitos autorais. Ações legais poderão ser tomadas caso isso seja violado.

Termos de Responsabilidade:

Observe também que as informações contidas neste documento são apenas para fins educacionais e de entretenimento. Todo esforço foi feito para fornecer informações completas precisas, atualizadas e confiáveis. Nenhuma garantia de qualquer tipo é expressa ou mesmo implícita. Os leitores reconhecem que o autor não está envolvido na prestação de aconselhamento jurídico, financeiro, médico ou profissional.

Índice

PARTE 1 1

INTRODUÇÃO 2

CONCLUSÃO 48

PARTE 2 51

INTRODUÇÃO 52

CAPÍTULO 1: O BÁSICO................... 54

O QUE É ANSIEDADE? 54
ANSIEDADE VS. ESTRESSE................... 56
TIPOS DE ANSIEDADE 58
CAUSAS DA ANSIEDADE 67
SINAIS E SINTOMAS 73
EXISTE CURA? 75

CAPÍTULO 2: VOCÊ E O MUNDO................... 77

ANSIEDADE E O MUNDO MODERNO 77
TENHA CIÊNCIA DE SEUS PENSAMENTOS................... 80
O QUE FAZER SE VOCÊ TEM ANSIEDADE................... 82
SUA RELAÇÃO CONSIGO MESMO 84
SUA RELAÇÃO COM O MUNDO................... 86

CAPÍTULO 3: COMO SUPERAR A ANSIEDADE
NATURALMENTE................... 89

SABEDORIA E APLICAÇÃO 89
AUTORREFLEXÃO 90
MEDITAÇÃO 93
CERQUE-SE DE PESSOAS POSITIVAS................... 95

Exposição 97

Vida saudável..................................... 98

Pensamento positivo 99

Paciência 101

Cometa erros..................................... 102

Ouça músicas relaxantes 103

Relaxamento físico 104

Controle sua respiração...................... 105

Superar a ansiedade com um amigo..... 106

Extravazar 108

Use afirmações.................................. 109

Defina gatilhos 110

Experimente 111

Descanse... 111

Pratique 112

CONCLUSÃO 115

Parte 1

INTRODUÇÃO

Já alguma vez sofreu ou conhece alguém que sofre de ansiedade? Você deveria saber que a ansiedade varia de pessoa para pessoa - para alguns, pode durar apenas um curto período de tempo, enquanto que para os outros pode durarvários anos. Se não se fizer nada para a combater, existirão mais possibilidades paraque essa condição se venha a prolongar por muito mais tempo. Pela minha própria experiência, posso afirmar que os sintomas e as consequências causadas pela ansiedade podem ser tão limitantesao ponto de nos afetarem e nos incapacitarem em cada um dos aspetos da nossa vida . No entanto, com a ajuda de alguns simples procedimentos que podem ser postos em prática na nossa vida, estes poderão vir a ajudar a superar a ansiedade e, assim como qualquer outra condição que possamos vir a ter queenfrentar nas nossas vidas, não há melhor maneira de combater essa condiçãodo que resolvê-la de uma forma natural. Você precisa saber que não é muito complicado superar a ansiedade, desde que você tenha o conhecimento adequado. Primeiro de tudo, é importante entender por completo o que é a ansiedade. Para algumas pessoas, a ansiedade é muito mais do que além de simples medos e stress. Às vezes, a ansiedade tornasse num caso muito mais sérioao ponto decausarverdadeiros ataques de pânico. Se você já foi diagnosticado com esta condição e, por tal está a ler este livro, então encontraros melhores métodos para vencer essa condição mental deverá ser a sua principal prioridade. A chave para superar a ansiedade começa com o conhecimento. Para tratarmos deste problema, você tem que saber o que é, a sua causa e a razão pela qual você a tem. Na maioria das vezes, simplesmente ao tomarmos conhecimentodos sintomas deste transtorno é desde já uma grande ajuda para superar o problema. Neste livro, forneceremos todas as informações que você precisa saber sobre a ansiedade. Juntamente com o que é, a sua origem e a razão pela qual você a tem, com este conhecimento, vocêsaberá quais são os sintomas mais comuns, as melhores formar para a superar e outros aspetos igualmente importantes sobre os quais você deve ter conhecimento para livrar-separa sempre da ansiedade.

ANSIEDADE EXPLICADA

1.1 O QUE É ANSIEDADE?

Aparentemente existem cada vez mais pessoas a queixarem-se de ansiedade. Nós ouvimos estas queixas atualmente com maior frequência do que antigamente. Mas o que é a ansiedade? Vou tentar explicar da maneira mais simples possível... A ansiedade é uma palavra usada para definir diferentes condições mentais que podem vir a transformar-se em sintomas físicos que são despoletadospelo nervosismo, tensão emocional e preocupações. A ansiedade tem diferentes estágios de evolução, que vão desde um grau mais "suave" a um mais grave.
Na maioria das vezes, uma pessoa desenvolve a ansiedade quando enfrenta algo que está fora da sua zona de conforto ou qualquer coisa que possa achar desafiadora. Deixe-me dar-lhe um exemplo. Digamos que vai viajar sozinho

pela primeira vez. Esta situação pode afetar as pessoas de formas diferentes, viajar sozinho pode ser considerado normal para alguns, mas para outros, pode levar a noites sem dormir, perda de apetite, sendo incapaz de se concentrar e outros. Em algumas situações mais sérias, isso pode afetar todas as áreas da vida por um tempo muito longo. Geralmente, a ansiedade acontece quando prevemos ou pensamos em algo, não importa se eles são prováveis ou improváveis de acontecer.

1.2 Tipos de Anxiedade

Os transtornos de ansiedade podem ser categorizados em tipos mais específicos. Abaixo mencionados estão os tipos mais comuns de ansiedade dos quais você deve estar ciente:

- **Transtorno de Ansiedade Generalizada (GAD)**

O Transtorno de Ansiedade Generalizada ou TAG é um tipo de ansiedade mais grave classificada por uma ansiedade de longo prazo. É quando a pessoa tem medo de situações ou eventos não identificados. As pessoas que sofrem deste tipo de ansiedade preocupam-se com todos os tipos de questões. Isto poderia ser sobre questões de família, problemas relacionados com o trabalho, questões financeiras, preocupações com a saúde, ou qualquer outra coisa, mas, novamente, controlar os medos parece impossível. Este medo é geralmente visto pelos não-sofredores como quase irrelevante e exagerado do que normalmente é esperado nas mesmas situações,pelas quais, o doente está preocupado. As pessoas que sofrem desta condição tendem a pensar sobre a pior coisa que pode acontecer. As pessoas com esta condição não são conhecidas por evitar situações sociais ou de trabalho, mas ficam carregadas de ansiedade à medida que prosseguemcom a sua vida diária. Para muitas pessoas, os sintomas físicos que acompanham o TAG fazem com que as atividades diárias normais pareçam difíceis.

- **Transtorno de Stress Pós-Traumático (TSPT)**

O Transtorno de Stress Pós-traumático ou TSPT é o tipo de ansiedade que é desencadeada por uma situação aflitiva que aconteceu no passado. Estes poderiam ser casos graves, desde,como por exemplo, da pessoa ter sido atacada ou roubada até casos muito mais graves, tais como situações em que a pessoa tenha sido feita refém ou ter sido vítima

8

de violação. Isto também é muito comum nas pessoas que foram militares e que combateramna guerra. TSPT envolve flashbacks para determinados eventos e pode causar comportamentos de stress quando a situação é relembrada.

• Transtorno Obsessivo-Compulsivo (TOC)

O Transtorno Obsessivo-Compulsivo ou TOC é um outro tipo de ansiedade que pode ser ilógico e repetitivo, mas o paciente ameniza o transtorno compulsivo ao desenvolver um padrão particular persistente como lavar as mãos compulsivamente, ligar e desligar o interruptor de luz repetidamente, verificar a fechadura da porta repetidamente, e refazer a cama, mesmo que já esteja feita.

• Transtorno de ansiedade social

O transtorno de ansiedade social é o medo de estar rodeado de pessoas. Na maioria das vezes, a pessoa que sofre deste transtorno tem medo da idéia de poder vir a ser humilhada em público. Eles sentem-se como se estivessem a ser observados e julgados por aqueles que estão ao seu redor. A maioria das pessoas que possuem este tipo de ansiedade preferem ficar em casa a maior parte do tempo e tendem a evitar eventos sociais. Elas preferem ficar na sua zona de conforto e evitar o contato com outros seres humanos.

• **Pânico**

O pânico é um ataque inesperado de terror e de preocupação bastante sério que provoca problemas respiratórios, náuseas e tonturas. Os ataques de pânico podem ocorrer muito rapidamente e tornarem-se fortes durante alguns minutos, mas também podem durar por um longo período de tempo. Transtornos do pânico podem acontecer após uma experiência assustadora ou de stress persistente; no entanto, eles também podem ser ativados num determinado momento. Um ataque de pânico pode fazer com que uma pessoa fique bastante consciente de qualquer alteração na função típica do corpo, fazendo-a pensar que é uma condição em que há risco de vida - a hiper-vigilância desenvolve a hipocondria. Além disso, os ataques fazem com que o paciente fique a aguardar por mais ataques de pânico que podem levar a mudanças radicais de comportamento, assim como evitar esses ataques.

• **Fobia**

A fobia é provavelmente a forma mais ampla de ansiedade. É um medo extremo de algo ou de uma situação que conduz a pessoa a ter um ataque de pânico ou uma reação incontestável, onde a ação é extremamente difícil de controlar. Fobias como medo de alturas ou medo de insetos rastejantes e animais são bastante comuns e são vivenciados por muitos indivíduos, no entanto, existem muitos tipos de fobias, medos exarcebados de coisas que podem soar muito estranhas para alguns, mas que mesmo assim causam ataques de ansiedade ilógicos para os que sofrem. Assim como em muitos tipos de ansiedade, a causa tem a sua origem em experiências vivenciadas no passado, mas, em muitos casos, elastambém podem ser desenvolvidas mesmo que não haja conexões com vivências pertencentes ao passado.

• **Transtorno de Ansiedade de Separação**

O Transtorno de Ansiedade de Separação é uma condição que estabelecena pessoa sentimentos de pânico quando ela não está perto de um objeto, um lugar ou uma pessoa em particular. O caso mais comum é quando alguém sai da sua casa ou da sua cidade onde viveu durante muito tempo. Isto dificulta a sua capacidade de resiliência para lidarem ou ajustarem-se ao novo ambiente.

tendem

1.3 Sintomas Comuns De Ansiedade

As pessoas que sofrem de ansiedade tendem a apresentar muitos sintomas físicos diferentes, juntamente com sintomas não físicos que retratam os distúrbios como preocupações extremas e irrealistas. Muitos desses sintomas são os mesmos daquelas que sofrem de uma doença generalizada, tais como derrame ou ataque cardíaco, o que faz com que haja uma maior predisposição para o aumento da ansiedade. Segue-se abaixo uma lista com os sintomas físicos que normalmente acompanham o Transtorno de Ansiedade Generalizada:

- Tensão muscular
- Problemas de concentração
- Tarquicárdia
- Exaustão
- Medo
- Enxaqueca
- dores de cabeça
- Tremores
- Náuseas
- Aperto no estomago
- Irritação
- Preocupação excessiva
- sudorese
- comichão

Pessoas com transtornos de pânico podem experimentar os mesmos sintomas físicos que as pessoas com a experiência GAD. Outra experiência física que eles podem experimentar pode incluir dificuldades respiratórias, tonturas e dores de garganta.

O TSPT também oferece diferentes

sintomas que não são os mesmos que são apresentados nos restantes tipos de ansiedade. Os sintomas comuns desenvolvidos por pessoas que sofrem com este transtorno incluem: evitar as pessoas, pesadelos e flashbacks de experiências que desencadeiam esta condição. Para alguns, também é possível que eles tenham problemas de concentração, não conseguir dormir, hipervigilância, irritabilidade e negatividade.

1.4 As Possíveis origens da Ansiedade

As origens mais comuns de ansiedade podem ser geradas pelos próprios doentes ao terem pensamentos negativos e esse pior cenário poderá vir mesmo a ocorrer mesmo se não houver base lógica para isso. Você alguma vez já viajou pensando que algo de malirá acontecer e que você vai morrer? Ou talvez já tenha ido a uma entrevista de emprego a pensar que não correrá bem? Há muitos mais fatores, como desordens cerebrais, condições médicas, genéticas, experiências prévias ou uma combinação de tudo isto. A ansiedade comum vem de todo o stress que experimentamos nas nossas vidas e da pressão que sentimos das pessoas com sucesso que nos rodeiam no dia-a-dia. Abaixo estão os fatores mais comuns sobre a razão pela qual alguém experimenta ansiedade.

- Fatores Ambientais e Externos

Os fatores ambientais e externos são conhecidos por gerar diferentes tipos de ansiedade que podem incluir situações traumáticas, tais como o falecimento de alguém, abuso físico ou mental ou assédio. Stress num relacionamento, amizade, casamento, stress no trabalho ou escola e problemas financeiros.

- Fatores Médicos

A ansiedade está a ser conectada com os

fatores médicos, tais como: anemia, infeções, asma e diferentes condições cardíacas. Existem algumas causas de ansiedade relacionadas à medicina, como sinais de uma doença ou de uma cirurgia, efeitos colaterais decorrentes da ingestão de medicamentos, falta de oxigénio devido a um enfisema ou a uma embolia pulmonar e abuso de drogas. Muitas pessoas que se encontram viciadas nas drogas ou álcool sofrem de complicações mentais com transtornos de ansiedade individualizadas, tais como fobia social, pânico ou Transtorno de Ansiedade Generalizada.

Geralmente, a ansiedade também é reconhecida como resultado de um vício de uma droga ilegal, como a cocaína ou a metanfetamina.

- Fatores genéticos

Talvez as piores razões sejam sugestionadas: se há uma história de ansiedade na família de uma pessoa, há uma grande possibilidade de que ela também a tenha. Há pessoas que têm uma tendência genética que lhes proporcionará mais possibilidades para sofrer de transtornos de ansiedade.

- Fatores Quimicos Cerebrais

Pesquisadores revelaram que aqueles que possuem níveis irregulares por parte decertos neurotransmissores no seu cérebro, têm uma maior possibilidade de sofrer de TAG. Quando os neurotransmissores não estão a funcionar corretamente, a rede de comunicação interna do cérebro desfaz-se e o cérebro pode funcionar de uma maneira inadequada e diversa em situações particulares. Isso pode causar ansiedade.

1.5 EQUÍVOCOS COMUNS QUANTO À ANSIEDADE

Muitas das pessoas que não sofrem de

ansiedade, não têm o conhecimento suficiente sobre a mesma, e escolhem viver com os equívocos que se associam a ela. A fim de esclarecer as coisas, aqui estão os cinco equívocos que vamos desmascarar para dar-lhe uma melhor compreensão sobre esta condição médica:

1: Evitar Potenciais Gatilhos é Possivel

Muitos doentes que sofrem de ansiedade têm gatilhos específicos que desencadeiam fortes sentimentos de ansiedade, particularmente ataques de pânico. Estes podem variar desde ir a um evento social, fazer um telefonema, ou ir a uma entrevista de emprego. Enquanto muitas pessoas ficam ansiosas antes de fazerem um grande desempenho na frente de muitas pessoas, algumas pessoas ficam ansiosas quando são recebidas por outras pessoas em público ou são chamadas numa sala de aula. Não importa o que causa a ansiedade a uma pessoa, evitá-la nunca será a solução –portanto dizer a alguém para evitar uma determinada situação não faz nenhum sentido. Tentar evitar os gatilhos na verdade aumentará a ansiedade e deixará os pacientes a sentirem-se desamparados e sozinhos no momento em que vierem a deparar-secom uma situação inevitável.

 # 2: Está Tudo na Nossa Cabeça

Bem, literalmente, a ansiedade está realmente na cabeça, pois é um problema mental.No entanto, algumas pessoas pensam que a ansiedade é algo que as pessoas podem superar facilmente, pois podemos facilmente controlar as nossas mentes. Errado! Fazer este tipo de observações insensíveis pode muitas vezes piorar a ansiedade de uma pessoa.

 # 3: A Ansiedade Está Sempre Arraigada a um Trauma Específico

Embora existam tipos particulares de ansiedade que se originam a partir de umaexperiência traumática como o TSPT, isso não significa que todos os tipos de ansiedade sejam causados por experiências péssimas. Há outros tipos de ansiedade que podem ser causados pela química e pela genética do cérebro.

 # 4: Dizer a umaPessoa Ansiosa "Acalme-se" ou "Supere isso" é Útil
Dizer a alguém para superar uma determinada situação que o deixa ansioso é a pior coisa que você pode dizer a quem está a sofrer de ansiedade. Pessoas com ansiedade sabem que muitos dos seus medos são irracionais e ilógicos. Você tem que aceitar que a ansiedade é uma condição mental e é algo feito intencionalmente. As pessoas que sofrem também não querem sentir o que sentem, mas é a mente e o corpo que controlam os seus pensamentos e as emoções.

 # 5: A Medicação é a Única Solução

A medicação pode ser uma ótima opção,

uma vez que realmente é eficaz no combate à ansiedade, mas também apresenta efeitos colaterais negativos e, além disso, a solução que ofereceé temporária. Na maioria dos casos, o objetivo da medicação é diminuir os efeitos negativos da ansiedade. A ansiedade consegue ser tratada melhor com naturalidade, pois elas não surgem com os efeitos colaterais prejudiciais ou efeitos secundários. Os tratamentos naturais também ensinam aos pacientes habilidades para obter benefícios duradouros.

Maneiras Naturais de Tratar Ansiedade

Prescrições Médicas para a Cura Alternativa daAnsiedade

Dizem que é normal as pessoas sentirem-se ansiosas de vez em quando. No entanto, elas experimentam-na com freqüência e incontrolavelmente, as chances são, elas estão a sofrer com a ansiedade e ter uma medicação adequada é necessária. É importante para quem sofre deste transtorno mental procurar um tratamento o mais rápido possível, se este sedesenvolver em algo mais grave, lidar com isto então será mais difícil e pode afetar significativamente a sua vida. Se você ou alguém que você conhece está a sofrer de ansiedade, você tem que saber que não há nada para se preocupar, especialmente que há cada vez mais e mais tratamentos a serem descobertos para superar esta condição. Além disso, existem muitas maneiras naturais de tratar a ansiedade, o que significa que você não precisa de se preocupar com qualquer efeito colateral prejudicial.

Qual é a Diferença em Usar Tratamentos Naturais para Curar a Ansiedade?

Quem é que não quer superar de uma forma segura e natural a sua ansiedade? Essa é a razão pela qual as formas naturais de curar a ansiedade são preferidas por muitos os que sofrem de ansiedade. É bastante óbvio a razão de havercada vez mais pessoas que preferem tratamentos naturais: pois, não há efeitos colaterais. Os tratamentos naturais também resolvem a causa principal da sua ansiedade, fazendo com que se sinta mais relaxado e confortável.

Outro benefício na escolha deformas naturais para tratar a ansiedade é que estas permitem que você controle pessoalmente a desordem, com intenção, evitando assituações que a desencadeiam para que se torne mais fácil. Além disso, escolher o tratamento natural para tratar da ansiedade é comparativamente mais barato do que ir comprar medicamentos caros. Você não quer piorar o seu transtorno acrescentando mais uma preocupação devido aos gastos com a medicação. Além de poupar dinheiro, você também pode economizar tempo, já que a maioria dos tratamentos naturais para tratar a ansiedade não exigem que você saia de casa, assim como não exigem longas horas de sessões.

Procure o Tratamento Natural ideal para a Sua Ansiedade

Você não pode simplesmente sentar-se e ver a si mesmo ou às pessoas que você ama a serem destruídas por um distúrbio de ansiedade. O que você tem que fazer é procurar os tratamentos adequados para as opções de ansiedade que sejam confirmadas como eficazes, naturais e, acima de tudo, seguras. Como paciente, depende de você o tipo de tratamento que deseja realizar em si. Tenha em mente que o seu objetivo é curar a condição e não piorar a situação. Na maioria das vezes, aqueles que sofrem de ansiedade retornam à medicação com a esperança de obter uma solução rápida para os seus sintomas, mas depois acabam por sofrer os efeitos colaterais desagradáveis causados pela medicação indicada para a ansiedade. Neste capítulo, irá aprenderquais são as quatro soluções naturais mais eficazes para lidar com a ansiedade.

2.1 MUDANÇA DE ESTILO DE VIDA

A primeira coisa a ter em conta quando se combate contra a ansiedade é o tipo de estilo de vida que você tem. Embora seja simples, muitas pessoas acham que mudar o estilo de vida não é fácil. Isso é bastante compreensível. Então, como é que exatamente deverá mudar o seu estilo de vida? Há duas áreas a considerar: a sua dieta e as suas atividades físicas. Vamos dar uma olhadela nestas duas ...

2.1.1 Dieta Apropriada Quando a ansiedade ocorre enquanto você vive a sua vida, uma das últimas coisas em que você quer pensar é na sua dieta. No entanto, a verdade é que há muitos métodosque ajudampara tentar superar a ansiedade, e ter uma dieta adequada é uma delas. Tem que lembrar-se que um corpo saudável leva a ter uma mente saudável.

Alimentos a Evitar

Primeiro de tudo, tem que saber que tipo de comida você deve evitar, a fim de minimizar os sintomas produzidos pela ansiedade. Com simples mudanças na sua alimentação, você pode facilmente melhorar o seu humor e ter um dia melhor. Lista de alguns alimentos que deve tentar evitar:

• **Cafeína:** Bebidas cafeinadas como o café e ou refrigerantes devem ser evitadas ao máximo tanto ou quanto você consiguir. Tente cortá-lo e substituí-lo por chá de ervas. A cafeína é um estimulante e pode aumentar as apreensões, bem como inibir um sono reparador.

• Açúcar: Isso é definitivamente muito difícil de evitar, especialmente se você está acostumado a comer alimentos processados. Tanto quanto possível, evite o açúcar refinado, pois não é bom para o nosso corpo.

• Álcool: embora algumas pessoas considerem que o álcool as acalma, quando é absorvido pelo corpo pode levar a sintomas de ansiedade. O melhor a fazer é removê-lo da sua vida completamente. Outros alimentos a evitar são os alimentos ricos em gordura e alimentos processados. Eles não são benéficos para o corpo, e tanto quanto possível; remova-os da sua lista de compras também!

Alimentos a Incluir

Claro, se há alimentos a serem evitados, também háaqueles que você deve incluir na sua dieta. Existem alimentos que são conhecidos por melhorar o humor de uma pessoa e ajudá-la a superar os sintomas da ansiedade. Aqui vão sete deles:

• **Alimentos integrais**
As pessoas que podem tolerar o glúten podem ter alimentos como cereais integrais que sãobenéficos, tais como o pão integral e as massas. Uma pesquisa

demostrou que os cereais integrais "reais" oferecem alguns benefícios para as pessoas que sofrem de ansiedade:

- O cereal integral tem uma elevada quantidade de magnésio e a deficiência de magnésio pode causar ansiedade.

- O cerealintegral tem uma substância chamada triptofano que transforma-se em serotonina, que é um neurotransmissor acalmante.

- O cereal integralproduz boas energias enquanto diminui a fome - mas é um dos mais importantes para os casos da ansiedade.

Os alimentos integrais podem ajudar muito no tratamento da ansiedade e possuemnutrientes que foram removidos nas dietas modernas.

• **Algas marinhas**

As algas têm muitos benefícios que também são oferecidos pelos alimentos integrais. Não só por causa da alta quantidade de nutrientes que possuem- como também mostram ter uma grande quantidade de magnésio. As algas parecem ter um alto teor em triptofano. A alga é uma ótima alternativa para os grãos integrais se você for sensível ao glúten.

• **Amoras**

As amoras não são apenas deliciosas frutas que adoramos saborear nas nossas sobremesas. Também são consideradas como um superalimento. É rico em fitonutrientes e vitaminas, com diferentes tipos de antioxidantes que são conhecidos por serem muito úteis para aliviar toda a tensão e o stress. Muitos especialistas também acham que os pêssegos também poderiam ser uma boa opção, pois contêm nutrientes que proporcionam um efeito calmante.

• **Açaí**

O açaí é basicamente o mais novo super alimento e é aquele que está a ganhar cada vez mais atenção nos últimos tempos. Pode não ser a fruta que provoca a perda de peso tal como muitas pessoas acreditam, mas as bagas de açaí têm um alto teor de fitonutrientes semelhante aos mirtilos e amoras e os níveis de antioxidante estão no topo da linha.

- **Amêndoas**

As amêndoas têm um alto nível de zinco, que é um nutriente essencial para ajudar a manter o seu humor equilibrado e acima de tudo eles têm um tipo de gordura saudável e ferro. Para ter uma dieta equilibrada, é importante incorporar gorduras saudáveis na sua dieta. Por outro lado, sabe-se que baixos níveis de ferro provocam fadiga cerebral o que pode contribuir tanto para a deficiência energética quanto para a ansiedade.

- **Chocolate**

Ok, antes de tirar uma barra de chocolate do frigorífico, você necessita saber que eu não estou a falar de qualquer tipo de chocolate. Estou a falar de chocolates puros e escuros que não contêm leite ou açúcar. O chocolate puro diminui o cortisol, que é a hormona que causa o stress e que provoca os sintomas de ansiedade. Os chocolates amargos têm compostos que também melhoram o humor.

• **Raiz de Maca**

Eu não ficaria surpreendido se você nunca tivesse ouvido falar sobre esta raiz. No entanto, este pó pode ser adicionado aos seus alimentos e bebidas para ajudar a melhorar o seu humor. Acredita-se que esta raiz contém altos níveis de fitonutrientes mais do que quaisquer outros vegetais e frutas, e que incluem ferro e magnésio - dois nutrientes essenciais que ajudam a superar a ansiedade. Além disso, normalmente é utilizado para melhorar a energia e a resistência.

Ter uma dieta saudável é uma das

melhores maneiras para controlar a ansiedade. Você também deve beber muita água todos os dias. Muitos estudos descobriram que a desidratação afeta até 25% das pessoas que sofrem de ansiedade, e a desidratação é reconhecida por provocarainda mais ansiedade.

2.1.2 Exercício Físico

Quando alguém sofre de ansiedade, o exercício físico é definitivamente uma das prioridades que deve ter em conta. Muitas pessoas que sofrem de transtorno de ansiedade normalmente recusam-se a sairdas suas casas ouaté para simplesmente sair da cama, quanto mais sair para ir ao ginásio? No entanto, se você realmente quiser superar a ansiedade, então é importante fazer um esforço para melhorar-se fisicamente. Você provavelmente sabe que o exercício melhora a saúde de uma pessoa e inibe as condições degenerativas, tais como a pressão alta, doenças cardíacas e diabetes. No entanto, existem também estudos que afirmam que o exercício físico ajuda no combate à ansiedade e depressão. Estudos mostram que a realização de exercícios regulares não torna apenas o corpo mais saudável, mas também a mente. Muitas pessoas têm conseguido libertarem-se da sua ansiedadeao exercitarem-se regularmente.

Abaixo estão alguns indicadores em como o exercício físico é capaz de ajudá-lo a superar o transtorno de ansiedade:
- O exercício liberta endorfina e neurotransmissores cerebrais que são responsáveis pela felicidade que sentimos. Também diminui a produção da hormona chamada cortisol, que é responsável pela tristeza que sentimos.
- Exercitar-se regularmente pode melhorar a sua aparência física, o que faz com que a sua autoconfiança também aumente. O seu estado de humor melhorará assim que você se aperceber que há melhorias no seu visual por exercitar-se regularmente. Uma vez que o desafio seja alcançado,

você também sentirá uma sensação de autorealização.

- O exercício é um ótimo mecanismo copingou de enfrentamento (que são os esforços cognitivos e comportamentais para lidar com situações de ansiedade)que é muito mais útil do que a dependência em drogas, tabaco e bebidas alcoólicas.

- O exercício pode ser uma ótima terapia de distração que beneficia na canalizaçãodos seus pensamentos indesejáveis e a transformá-los em algo melhor.

Um benefício adicional do exercício físico é o fato de você socializar-se com outras pessoas quando opta por exercitar-se numginásio. Isto é especialmente útil se você está a sofrer de ansiedade social. Aqueles que sofrem de transtorno de ansiedade social são encorajados a realizar uma terapia de exposição, onde eles estarão numa situação em que não terãooutra escolha a não ser interagir. Existem muitos tipos de exercícios que você pode escolher. Com o número de opções, é importante escolher qual deles combina melhor consigo. Tanto quanto possível, escolha um tipo de exercício físico que permita que você saia de casa e interaja com as pessoas ao seu redor. Atividades como correr, praticar desporto, passear com seu o cão ou outro tipo de atividades físicas serão as melhores opções. No entanto, fazer exercício indoor (dentro de casa) também será benéfico. Independentemente do tipo de exercício que você escolher, isso será útil para a sua para ajudar a resolver a sua condição. Você não precisa obter um personal trainer e ficar obcecado com o fato de ter de se exercitar. Uma caminhada rápida de 30 minutos até ao parque ou um breve passeio de bicicleta ao redor de um supermercado também serão muito benéficos.

2.2 Yoga e Meditação

O yoga e a meditação são outrasformas garantidasque induzem a calma e o relaxamento profundo do corpo e da mente. A meditação diminui as hormonas que causam o stress e, ao mesmo tempo, estimula a produção das ondas alfa no nosso cérebro, que estimulam um estado calmo, porém consciente. Aprender a meditar é muito fácil, especialmente agora que há cada vez mais e mais aulas e DVDs gratuitos hoje em dia.

Como é que o Yoga e a Meditação Ajudam a Combater a Ansiedade

Em poucas palavras, a meditação é benéfica, pois faz com que estejamossossegados durante um certo tempo, o suficiente para ficarmos mais calmos. Uma vez que estejamos num estado de calma e de quietude, normalmente conseguimos pensar com maior clareza, ter uma percepção mais saudável de qualquer situaçãoque estava a deixar-nos ansiosos e ver possíveis soluções para o problema com o qual estamos a lidar.
A visualização conduzida e a concepção terapêutica oferecem uma maneira de

evitar as barreiras normais que impedem as pessoas de se recuperarem naquilo que mais precisa de cura.

Preocupações do dia a dia

Com o tempo, aqueles que meditamregularmente descobrem que não estão tão sujeitos à ansiedade e ao stress e que já não reagem tão intensamente ao stress. Além disso, eles tornam-se mais conscientes quando a ansiedade se aproxima e tornam-se mais capazes de evitá-la mesmo antes que esta assuma vida.

Como começar

Meditação diária

Provavelmente, uma das melhores coisas que existem na meditação é que você pode fazê-la em qualquer lugar, seja em casa, no local de trabalho ou até mesmo quando viaja. Mas se você quiser obter todos os benefícios oferecidos pela meditação, recomenda-se fazer sessões de meditação todos os dias para melhorar a saúde emocional e física. Dito isto, abaixo estão algumas simples indicações que você pode pôr em pratica quando meditar sozinho:

Respiração–Seja uma meditação de apenas 10 minutos ou de 1 hora, respirar de uma maneira lenta e controlada pode ajudar a aliviar a ansiedade e o stress para promover um sono melhor e uma mente saudável.

Relaxamento consciente - Um método um pouco mais progressivo, o relaxamento progressivo envolve colocar a sua atenção em certas partes do corpo, principalmente em áreas doridas, para oferecer alívio. Quando é adicionado a respiração profunda, o resultado será ainda melhor.

Repetir um mantra - Colocar a sua atenção no som produzido pela sua própria voz enquanto você entoa uma palavra em particular para ajudar a relaxar é um método intemporal que atravessa muitas religiões, culturas e processos de cura diferentes. Você pode usar qualquer mantra que quiser, desde que isso o ajude a relaxar.

Caminhe e medite - Uma maneira saudável e melhor de obter o relaxamento, é combinar a caminhada com a meditação, ajuda a acalmar a mente e, ao mesmo tempo, purifica o corpo. Um simples meio para conseguir isso é concentrar-se nos movimentos do seu corpo, em vez de concentrar-se em chegar aolocal do seu destino. Diminua o seu ritmo e respire profundamente enquanto você dá cada passo.

2.3 Hipnoterapia

Outro método natural eficaz para superar

a ansiedade, a hipnoterapia é benéfica parafazer com queo seu cérebro reaja positivamente em situações stressantes. Um hipnoterapeuta ajuda-o a resolver a sua ansiedade, durante um estado extremode quietude durante o qual ensina-o a manter a calma em circunstâncias que geralmente causam ansiedade.

O que é hipnoterapia?

A hipnoterapia é um tipo de terapia que é utilizada para ajudar os pacientes a alcançar o que é chamado de nível elevado de consciência. Muitas pessoas chamaram a esse elevado estado de transe. Há muitas técnicas que são usadas para atingir esse estado. Isso inclui exercícios de relaxamento guiados, níveis fortes de focalização e concentração da atenção. O objetivo principal da hipnoterapia é garantir que as distrações mentais e as distrações ambientais sejam eficientemente bloqueadas para que o participante possa concentrar-se nas tarefas ou instruções lhe são dadas pelo profissional capacitado. A utilização da hipnoterapia no alívio da ansiedade é feito por especialistas em saúde mental certificada e qualificada que são particularmente treinados para praticar a hipnoterapia, para tratarem de pacientes que sofrem de ataques de ansiedade. Normalmente, envolvemuma concentração profunda, um relaxamento direcionado, com uma atenção cautelosa para que se atinja um estado no qual o paciente não reaja a estímulos externos. Nesta condição específica, o paciente pode concentrar-se nas suas tarefas ou em pensamentos particulares, esquecendo-se do que lhe causa a ansiedade.

Como é eficaz para ansiedade?

Os hipnoterapeutas ajudam os pacientes que sofrem de ansiedade de muitas maneiras diferentes. Além de ajudá-los a alcançar níveis elevados de conscientização, muitos destes profissionais também aplicam psicoterapia. É muito comum que os pacientes que sofrem de ansiedade vivenciem pensamentos preocupantes, memórias intoleráveis e emoções que foram impedidas pela sua consciência durante o processo de hipnoterapia. A psicoterapia ajuda os pacientes a superarem esses pensamentos, lembranças e sentimentos. Existem duas formas de psicoterapia que você pode usar conjuntamente com a hipnoterapia, de modo a que efetivamente se possa curar a ansiedade. Elas são as seguintes: *Terapia por Sugestões* - Esta é a forma em que se coloca o paciente numa condição em que otorna mais receptivo às sugestões feitas pelo terapeuta. *Análise* - Este é um ótimo método aplicado por hipnoterapeutas para expor a causa principal da ansiedade pela qual um paciente está a passar.

Mais uma vez, este método é muito eficaz. Quando alguém quesofre de ansiedade está num estado hipnótico, a pessoa torna-se mais receptiva para falar sobre os seus problemas. Dependendo das coisas apreendidas na discussão, o hipnoterapeuta que realiza a sessão pode dar sugestões de comando queficam intensamente embutidas na mente subconsciente e que posteriormente fazem com que o paciente tenha comportamentos positivos e conscientes.

2.4 Remédios à Base de Plantas (medicamentos fitoterápicos)

Remédios feitos à base de plantas, Ayurveda e homeopatia também oferecem soluções naturais para a resolução da ansiedade. Alguns dos suplementos fitoterápicos mais confiáveis que você pode utilizar para superar a ansiedade incluem erva-cidreira, maracujá e calota craniana de Baikal. Procure medicamentos homeopáticos para o ajudarem a lidar com a ansiedade numa loja de saúde local, ou ervanária, ou também pode tentar uma infusão de tulsi, um remédio de Ayurveda apropriado para a ansiedade.

Tratamentos Suplementares de Ansiedade

Curas herbais para a ansiedade têm sido usadas ao longo de muitas centenas de anos. Existem muitas culturas que criaram ervas medicinais que ajudam a eliminar a ansiedade. As curas herbais e alternativas sugeridas por especialistas em medicina alternativa podem ajudá-lo a controlar e a gerir os sentimentos e as sensações que você sente durante um ataque de ansiedade iminente. A maioria desses tratamentos alternativos com ervas apropriadas para lidar com a ansiedade pode acalmar e aliviar o sofredor. Alguns dos tratamentos com ervas mais comumente usados para a ansiedade são:

A camomila é uma planta que é usadano mundo inteiro para tratar a ansiedade. Está disponível em diferentes formas, como aromaterapia, chá e suplementos. A flor desta planta é a parte que é usada no tratamento da ansiedade e que acalma o nervosismo. Além de se usar como um tratamento alternativo para superar a ansiedade, esta planta também contém outras propriedades para tratar outros problemas.

L-Theatine é um extrato de chá verde que atualmente é utilizado para acalmar com eficácia pacientes que possuem algunsdiferentes tipos de ansiedade. Você tem que tomá-lo na sua forma pura para poder aproveitar ao máximo os benefícios que este extrato oferece. Doses que estejam 99% abaixo do extrato não serão tão eficazes no tratamento da ansiedade.

Extrato de flor de maracujá também é um tratamento natural eficaz para a ansiedade, que acalma a pessoa que se sente em baixo. O extrato desta flor é muito eficaz para controlar a ansiedade. É facilmente encontrado em muitas farmácias locais.

Você tem que se lembrar que este tratamento pode não funcionar consigo da mesma forma que funcionou com uma outra pessoa. É melhor pedir a um praticante de medicina alternativa, o qual conheça as melhores formas de tomadestes medicamentos fitoterápicos acima listadosde modo a obter um bom efeito.

CONCLUSÃO

A ansiedade é uma das condições mentais mais graves que uma pessoa pode experimentar na sua vida. Esta condição mental faz com que se perca a nossa capacidade de experimentar a felicidade. Também leva a outras doenças devastadoras, tais como a depressão, que também podem levar a outras complicações de saúde relacionadas com o stress, como doenças cardíacas e pressão alta.

Um alto nível de ansiedade claramente coloca muita ênfase na pessoa que está a sofrendo desta condição. A melhor e a maneira mais segura para superar este problema é com a ajuda de um bom tratamento natural para cuidar da ansiedade.

Sim, há literalmente uma série de medicamentos para combater a ansiedade na farmácia sem haver necessidade de prescrição de receitas. Mas será que eles são eficazes? Possivelmente, sim, mas muitas vezes, não. Pior, eles vêm com maus efeitos secundários. Tratamentos naturais para ansiedade, no entanto, são a alternativa melhor, pois eles vêm sem efeitos colaterais. Como alguém que sofre de ansiedade, você pode ter perdido a esperança de ser curado. Tudo o que você precisa fazer é tomar um passo em frente e fazer algo para lutar contra isso. Ao absorver todas estas informações e seguir as sugestões incluídas neste livro, você está prestes a se livrar da ansiedade. Alguém que sofre de ansiedade também pode experimentar outros sintomas como palpitações cardíacas, dores de cabeça repetidas, falta de ar, tensão, náuseas, tremores, problemas digestivos, tonturas, bem como disfunções sexuais. Medicamentos baseados em produtos químicos irão simplesmente piorar ainda mais o problema e possivelmente levar a que sinta mais ansiedade.

Tratar a ansiedade de uma maneira

natural pode ser realizado com a ajuda de alguns tratamentos naturais comprovadamente eficazes. Ao usar um remédio natural para se livrar da ansiedade, você conseguirá concentrar-senoutras coisas mais importantes. Não é fácil lidar com as atividades regulares diárias quando você está doente. A ansiedade é uma condição real com consequências reais de longo prazo se não for tratada. Quando não tratada, a ansiedade pode causar problemas de saúde que exigirão que você necessitede mais tratamentos para poder tratar também destes últimos. A verdade é, que tomar conhecimento sobre o que originou a ansiedade não é assim tão importante. Isto porque, uma vez que você o tenha, ele começará a se ramificar e haverá mais coisas que serão acionadas para que você continue a sofrer de ansiedade. O mais importante é que você está a obter o controle sobre a ansiedade com a ajuda de um tratamento natural e que está a recuperar novamente a sua vida.

Parte 2

Introdução

Parabéns e obrigado por baixar este livro.

Os capítulos a seguir te ensinarão sobre os altos e baixos da ansiedade, assim como métodos para lidar com ela. No mundo de hoje muitas pessoas têm ansiedade por diversas razões, em grande parte graças às demandas da sociedade moderna e da pressão que ela exerce sobre o cotidiano. E na realidade, existem mais pessoas sofrendo de ansiedade e estresse do que você deve imaginar. A boa notícia é que há maneiras de dominar a ansiedade e viver uma vida mais feliz.

Este livro te dará uma boa noção e compreensão do que é a ansiedade. Falará sobre os básicos, como por exemplo: o que significa ansiedade, os diferentes tipos de ansiedade, causas, sinais e sintomas, e mais. Além disso, discutirá sua relação com o mundo e consigo mesmo, visto que pessoas que sofrem de ansiedade normalmente enfrentam problemas sociais e de relacionamentos. Por fim,serão apresentados meios para se livrar da ansiedade naturalmente. Serão reveladas as melhores práticas para manter em vista e se ver livre da ansiedade.

Há diversos livros sobre este assunto no mercado, obrigado novamente por escolher este! Foi feito o maior esforço possível para garantir que a publicação esteja cheia de informações úteis. Também teremos alguns **Presentes**grátis aqui dentro, então preste atenção. Aproveite!

Capítulo 1: O Básico

O que é ansiedade?

O termo *ansiedade* engloba uma variedade de transtornos mentais que podem vir na forma de medo, apreensão e preocupação. Caso não seja tratada, pode piorar com o tempo. A ansiedade pode afetar o modo como a pessoa pensa, sente e se comporta. Embora a ansiedade possa ser leve, há casos em que ela pode perturbar a vida da pessoa. Se você se perceber estressado ou preocupado por muito tempo sem nenhuma boa razão, ou se o medo e estresse sentidos forem desproporcionais à situação, então você provavelmente está enfrentando a ansiedade. Com as demandas da vida moderna, há uma enorme quantidade de pessoas ansiosas no mundo. Você deve aprender e compreender o que é de fato a ansiedade para evitar cair nesta armadilha.

O problema com a ansiedade é que ela evita que a pessoa desfrute e tire real proveito de sua vida. Se por acaso você permitir que a ansiedade domine sua vida, então sem dúvidas ela acabará te controlando, preenchendo sua vida com medo e preocupação. Para ser feliz é necessário se libertar das correntes da ansiedade, mas a boa notícia é que não importa quais os problemas de ansiedade que você tenha, sempre há solução. Porém, não existe nenhum remédio milagroso que possa te libertar sem esforços. Para ser livre e viver uma vida mais feliz, você precisará ter força de vontade e determinação.

A ansiedade existe principalmente na mente. Mas ao contrário da maioria dos pensamentos que você pode simplesmente ignorar ou dispensar, a ansiedade exerce uma pressão mais forte e com frequência te deixará preocupado a ponto de surgirem sintomas físicos Ela atrapalha sua vida com medo e preocupação. Se você ou alguém que você ama está sofrendo com isso, lembre-se: O ser humano tem poder sobre a ansiedade. Nunca permita que ela domine a sua vida. Você consegue superá-la. Você merece ser feliz.

Ansiedade vs. Estresse

Existe diferença entre ansiedade e estresse? Muita gente acredita que são sinônimos. A resposta é *sim*, ansiedade e estresse são diferentes entre si. O estresse é causado por um estressor ou fator causador de estresse. Por exemplo: se você está passando por dificuldades financeiras, isto pode te causar estresse. É válido notar que é normal passar por estresse. Na realidade, todo problema ou desafio na vida pode causar algum tipo de estresse. Mas e a ansiedade? Ansiedade é quando você ainda se sente ansioso mesmo quando o fator causador do estresse já não está mais presente. Você pode considerá-la como uma forma prolongada e irracional de estresse que pode ser atribuída à coisas específicas mas que também pode muito bem surgir por conta própria. Estresse é normal; estar ansioso não.

Em nossos tempos atuais, a maioria das pessoas consideram estresse e ansiedade a mesma coisa. Estresse é como o corpo ou a mente reagem aos fatos, especialmente ao lidar com problemas. Ansiedade é algo além do estresse. Há uma razão para as pessoas acreditarem que não há diferença entre as duas coisas. A ansiedade normalmente depende de como a pessoa lida com o estresse. Se você se permite ser controlado pelo estresse, então é muito provável que este estresse se torne uma ansiedade. É por isso que é importante aprender como gerenciar com eficiência os níveis de estresse. Considerando o estilo de vida moderno, é fácil estar exposto ao estresse todos os dias; estresse no trabalho, estresse por não conseguir comprar algo anunciado na televisão, fatores sociais, etc. A ansiedade pode ser considerada como um estresse que acaba te controlando em vez do oposto. Também vale notar que algumas pessoas são mais propícias ao estresse e são mais afetadas por níveis comuns de estresse que podem levar à ansiedade. O lado bom é que há uma diferença entre passar pelo estresse (que é algo inevitável) e estar estressado (que é evitável). Tudo depende de como você o gerencia.

Tipos de ansiedade

Uma pessoa com ansiedade pode ter uma experiência diferente de outra pessoa que também sofre do mesmo mal. Isso acontece pois existem diferentes tipos de ansiedade e também pois cada pessoa reagirá de forma distinta ao mesmo nível de ansiedade. Há uma ansiedade que é facilmente controlável, mesmo que ela tenha um efeito duradouro, e também há uma forma de ansiedade que engatilha fortes crises de ansiedade, que podem ser muito incômodas. Por isso, psicólogos categorizaram a ansiedade em diferentes tipos. Vamos analisá-las uma a uma.

☐ Transtorno de ansiedade generalizada

Este é o tipo mais comum de ansiedade, e vem afetando inúmeras pessoas ao longo das gerações, embora o número de casos tenha crescido de maneira notável no século XXI. O transtorno de ansiedade generalizada, ou TAG, é definido como uma ansiedade onde você vivencia uma constante tensão física e mental, bem como nervosismo, mesmo que não haja nenhuma causa específica para engatilhá-la, ou um estado no qual você não consegue descanso algum de sua ansiedade. Para simplificar, é o ponto em que sua ansiedade passa a te controlar e ditar como você se sente em uma situação específica. Ela fará com que você se sinta sempre no limite e estressado. Tenha em mente que se sentir estressado ou até mesmo ficar estressado de tempo em tempo é algo normal. Porém, se você fica estressado sem nenhuma razão, ou se o nível de estresse que está sentindo for muito maior do que deveria, então você pode estar sofrendo de TAG. Preste atenção pois quem sofre de TAG pode estar lidando com ansiedade física, mental, ou ambas ao mesmo tempo.

☐ Fobia Social

A fobia social também é conhecida como ansiedade social. Aqui é onde você teme estar em situações sociais simplesmente por haver outras pessoas lá. Aqui é onde interagir com outro ser humano faz com que você se sinta desconfortável. Se parar para pensar, esse é um tipo curioso de ansiedade. Por que você teria uma fobia de interagir com outra pessoa? Quando se está lidando com fobia social, mesmo que racionalmente você saiba que essa pergunta faz sentido, é muito mais complicado traduzir estes pensamentos em ações. Afinal, você também é humano. Isso é caracterizado por uma intensa timidez e inabilidade de falar em público. Pessoas com fobia social se preocupam demais com o que outras pessoas pensam delas a ponto disso evitar com que elas façam a maioria das coisas. Elas temem cometer erros, dizer coisas que a outra pessoa não gostaria de ouvir, e geralmente estão preocupadas em não passar vergonha. A questão da fobia social, é que ela é infundada e irracional por si só. Quem sofre desse tipo de ansiedade evita situações sociais o máximo possível.

☐ Agorafobia

Refere-se ao medo de estar em locais públicos. Também pode se referir ao medo de estar em um lugar desconhecido ou espaços abertos em geral. Aqueles que sofrem com agorafobia raramente saem de casa e é comum que sejam resistentes quanto a viajar. Tornam-se reclusos, escondidos em casa. Este tipo de ansiedade também pode engatilhar crises de pânico quando fora de casa. O medo de ter crises de pânico em público agrava a situação e desencoraja ainda mais a sair de casa, piorando ainda mais a situação. Portanto, pessoas que sofrem com agorafobia tendem a se convencer que estar em casa é sua melhor opção. Mas é claro, isso não é verdade. O fato é que ficar em casa e obedecer ao que sua ansiedade diz é um jeito ainda mais garantido de ficar ansioso.

☐ Síndrome do Pânico

Síndrome do pânico não é meramente se preocupar ou entrar em pânico. Ao invés disso, é muito mais grave, no sentido de que pode ser tão intensa que quem sofre desta síndrome e perde o controle pode chegar a ser hospitalizado. Portanto, síndrome do pânico é um tipo sério de ansiedade que pode trazer sérias adversidades à vida e saúde de uma pessoa.

A síndrome do pânico costuma ser engatilhada por fatores causadores de estresse. Mas, também pode ser engatilhada por nada além da própria mente de quem sofre da síndrome. Uma pessoa que sofre de síndrome do pânico pode vivenciar crises intensas de pânico, mentais e físicas, como suor excessivo, taquicardia, dores do peito ou na barriga, tontura, e outros. Uma crise grave de pânico pode fazer com que você se sinta condenado e à beira da morte. Pode fazer você se sentir tão sem esperanças a ponto de não compreender mais a situação nem a si mesmo. Também é possível ter síndrome do pânico sem vivenciar nenhum tipo de crise. De fato, esta é a variedade mais complicada da ansiedade.

☐ Transtorno de estresse pós-traumático

Comumente chamado de TEPT, este tipo de ansiedade costuma acontecer após uma experiência traumática, seja física ou emocional. Pessoas afetadas pelo TEPT tendem a reviver mentalmente essas experiências traumáticas, o que pode causar um pavor imenso. Às vezes elas relembram essas péssimas experiências com tanta clareza que é como se estivessem passando por tudo outra vez, e, naturalmente, resultando em medo intenso e estresse.

Isso também pode fazer com que você se sinta desesperançoso. Você se pergunta tantos "e se" enquanto pensa no desastre que vivenciou que acaba se sentindo completamente impotente. Se for um caso muito sério, pode ser difícil conviver com o TEPT.

☐ Transtorno obsessivo-compulsivo

Também chamado de TOC, é um tipo muito comum de ansiedade. Mas apesar disso, também pode ser destrutivo se não for devidamente tratado. Aqueles que têm TOC demonstram comportamentos que podem parecer confusos para os outros, incluindo a própria vítima do TOC.

Quando se fala de TOC, é comum que pensem que é um tipo de obsessão. Porém, deve-se notar que as obsessões e compulsões no TOC não são as mesmas. A obsessão existe no reino dos pensamentos, e geralmente pensamentos estressantes ou assustadores. De qualquer forma, diferente dos outros pensamentos, esses são muito mais difíceis de ignorar e podem continuar incomodando sua mente. A compulsão é baseada no comportamento. Significa ter uma forte vontade ou necessidade de cumprir certas ações de maneiras muito específicas. O problema disso é que mesmo que a pessoa tente evitar, ela se sente compelida a agir assim de uma maneira até irracional. Novamente, este é outro exemplo em que a ansiedade conduz as atitudes da pessoa, e é o que torna o caso sério. Como qualquer outro tipo de ansiedade, o TOC se baseia em medo irracional. Por exemplo: temer que algo ruim vá acontecer à pessoa amada caso você não bata numa porta. Obsessão e compulsão podem coexistir.

Você deve estar pensando: "Se é irracional, então por quê fazer?". Essa é uma boa pergunta. A resposta é que mesmo que não haja dúvidas de que é irracional para alguém que não tem ansiedade, sempre vai parecer a coisa certa a se fazer para alguém que sofre com TOC. Pior ainda, eles sentem que não conseguem se controlar a ponto da própria ansiedade ser quem os controla.

☐ Fobias Específicas

Como o nome sugere, é o medo de coisas específicas como: situações, animais, atividades, ou objetos. É um tipo comum de ansiedade. Inclusive, muita gente possue fobias específicas. Por exemplo: alguém pode ficar muito ansioso por andar de elevador, ou avião, ou mesmo em relação a aranhas ou cobras. Deve-se notar que medo é normal. Logo, só porquê você tem medo de cobras, não significa automaticamente que você tenha uma fobia específica. Contudo, pessoas com esse tipo de transtorno sentem um medo muito acima do normal. Por exemplo: não é raro encontrar pessoas que tenham medo de agulhas ou injeções; porém, não seria um grande problema conseguir extrair sangue dessas pessoas.

Isso significa que embora o medo exista, este medo é tolerável Quem tem uma fobia específica com injeções faria absurdos para evitá-las. Quando você lida com uma fobia específica de qualquer tipo, o medo ou preocupação que se sente é maior do que o que seria esperado de alguém na mesma situação.

Pessoas que sofrem deste transtorno sabem que o medo que sentem é muito exagerado e além do que é racional. Entretanto, parecem não conseguir fazer nada em relação a isso. Sua ansiedade chega ao ponto de estar completamente fora de controle. Também é normal para essas pessoas vivenciarem sintomas como tontura, dor no peito, falta de ar, taquicardia, náusea, entre outros.

Causas da ansiedade

Assim como existem diferentes tipos de ansiedade, também existem diferentes causas. Pode ter relação com condições físicas ou mentais, efeitos de drogas ou outros medicamentos, experiências de vida, ou até mesmo uma combinação de todos estes fatores.

☐ Condições mentais

A mente é o elemento chave para o surgimento da ansiedade. Há um ditado que diz: "A qualidade da sua vida depende da qualidade dos seus pensamentos." O mesmo vale para lidar com a ansiedade. Ou seja, se você se enche de pensamentos negativos, então a probabilidade de sofrer com ansiedade é grande de um jeito ou de outro. Mas se você enche sua mente de pensamentos positivos, já é uma maneira eficiente de superar a ansiedade. E isso também pode agir como um meio eficiente de prevenção contra a ansiedade. Pânico e fobias são formas de ansiedade que podem surgir em condições mentais específicas. Contudo, note que a mente pode ser treinada para reagir de maneira distinta às coisas que antes engatilhariam ansiedade ou estresse. Embora isso possa tomar tempo e esforço, é sem dúvida alguma, possível.

☐ Abuso de substâncias

Estudos mostram que cerca de 50% dos pacientes com ansiedade passam por dificuldades relacionadas a abuso de substâncias. No geral, casos de dependência alcoólica, metanfetaminas, cocaína, entre outros. Além disso, parar subitamente de usar drogas como heroína pode, com frequência, causar algum tipo de transtorno de ansiedade.

☐ Genética

De acordo com pesquisas, se alguém na família tem ansiedade, então a probabilidade de desenvolver ansiedade é ainda maior. Por isso, algumas pessoas são mais suscetíveis do que as outras. Mas tenha em mente que mesmo que haja histórico de ansiedade na família, não significa que não seja possível prevenir ou se tratar para melhorar. Essa situação apenas aumenta suas chances de desenvolver a ansiedade inicialmente, mas não te deixa impotente contra ela. Portanto, se há ansiedade na família, você deve se encorajar ainda mais a aplicar as técnicas contidas neste livro.

☐ Química cerebral

A ansiedade existe na mente. E, sim, algumas pessoas possuem mais chances de ter ansiedade porquê seus cérebros estão programados para serem mais ansiosos que os outros. Tem aqueles com níveis anormais de neurotransmissores, e esses são os que possuem mais chances de sofrer com ansiedade. Além disso, se os neurotransmissores do cérebro não estiverem funcionando corretamente, a comunicação interna do cérebro pode falhar, o que pode levar ao cérebro reagir de maneira equivocada, assim podendo engatilhar a ansiedade.

☐ Fatores externos

O ambiente em que vive e os acontecimentos da vida também podem levar à ansiedade. O estresse que você traz do trabalho, da escola, ou mesmo do seu dia-a-dia, pode levar à ansiedade caso não seja devidamente controlado. O mesmo vale para o estresse de relações pessoais. Quanto ao ambiente, um lugar situado em grandes altitudes pode ser um fator adicional para desenvolver a ansiedade por conta da quantidade reduzida de oxigênio no local. É válido citar que o ambiente não significa apenas a localização geográfica da pessoa, mas também as outras pessoa com quem ela interage. O fato é que, fatores externos, quaisquer que sejam, podem afetar você e sua vida. E isso, é claro, pode gerar estresse. Se o estresse sai do seu controle, então você pode esperar ter que lidar com a ansiedade.

☐ Personalidade

Sim, até a própria personalidade pode engatilhar ansiedade. Por exemplo: crianças que são muito perfeccionistas têm chances maiores de desenvolver ansiedade na vida adulta. Crianças com baixa auto-estima também têm essas chances.

☐ Eventos estressantes

Eventos estressantes e indesejáveis também podem causar ansiedade. Um término de relacionamento, um acidente, um acontecimento vergonhoso, insatisfação no trabalho, problemas financeiros, entre outras coisas, podem todos levar à ansiedade. Lembre-se que onde houver estresse, também haverá possibilidade da ansiedade existir. Afinal de contas, na maior parte das vezes os transtornos de ansiedade começam como um simples fator causador de estresse. Mas, se não forem tomados os devidos cuidados, provavelmente se tornará alguma forma de ansiedade.

☐ Combinação de fatores

Vale notar que a ansiedade geralmente é causada por mais de um fator. Normalmente, a razão pela qual a pessoa se estressa mesmo que seja por alguma má experiência simples é que ela já esta carregando muito estresse há um bom tempo na vida. Logo, a combinação de problemas financeiros, acidentes, problemas sociais, no trabalho, ou outros, podem levar a um caso de ansiedade. Quanto tentar entender sua ansiedade, abra os olhos e considere tudo.

☐ Eventos infelizes

Sinais e Sintomas

Assim como qualquer outro transtorno, há sinais e sintomas para prestar atenção. Aqui estão os sintomas mais notáveis da ansiedade:

● Medo e pânico

- Inquietação
- Respiração ofegante
- Náusea
- Boca seca
- Mãos suadas ou pinicando
- Problemas com o sono
- Dores no peito
- Palpitações no coração
- Tontura
- Dificuldade para manter a calma

Se você está lidando com ansiedade, é possível vivenciar qualquer um ou vários desses sintomas citados. É bom lembrar que se basear apenas nesses sintomas não é o bastante, contudo, eles podem te dar uma ideia ou pelo menos uma mensagem de que você pode estar enfrentando a ansiedade. Em um estudo conduzido com pessoas que apresentavam dores no peito, um sintoma comumente relacionado a doenças do coração, foi descoberto que 50% dos indivíduos não possuíam nada de errado no coração, mas sim que apresentavam problemas de ansiedade.

Se há um pensamento negativo ou um medo que continua vindo à tona, pode ser uma boa ideia ver se você sofre ou não de ansiedade. A ansiedade costuma vir na forma de medo ou pânico, o que faz com que você se preocupe e se incomode com ela. Quando analisar os próprios sinais e sintomas, é importante fazê-lo com honestidade e de maneira justa.

Existe cura?

A boa notícia é que sim, existe cura para ansiedade. Isso mesmo, a ansiedade pode ser curada. Muita gente consegue vencer a ansiedade em poucos dias ou semanas, enquanto outros se encontram lutando contra ela durante anos sem superar de vez. Existem dois pontos principais a serem considerados: o tipo de ansiedade que você pode ter e como você reage a ela. De fato, há transtornos de ansiedade que são fáceis de lidar, enquanto há outros que podem parecer impossíveis. Apenas lembre-se sempre que, independente do tipo de ansiedade que você tenha, é possível sim, superar. É curável. Porém, não espere que o processo de cura aconteça rápido e com facilidade. É preciso ter paciência e manter os melhores hábitos para lutar contra a ansiedade. Saiba que com esforço, paciência e perseverança, logo você se verá livre de qualquer tipo de ansiedade.

Capítulo 2: Você e o Mundo

Ansiedade e o mundo moderno

De fato, tem muito mais gente sofrendo de ansiedade hoje em dia do que nunca. As demandas exigentes e as expectativas no mundo moderno tendem a fazer com que as pessoas se sintam mal consigo mesmas, deixando-as ansiosas. Há o estresse na família, no trabalho, questões financeiras, as pessoas a sua volta, ou mesmo questões internas. Por isso, tantas pessoas hoje em dia se interessam em meios para se livrar do estresse. Embora ansiedade não seja o mesmo que estresse, é o estresse que costuma levar à ansiedade.

O mundo moderno com todas as suas inovações tecnológicas, com a mídia, as expectativas, etc, se torna um ambiente altamente estressante e, infelizmente, estar estressado passa a ser uma parte comum da vida. Não é raro encontrar pessoas que estão estressadas e infelizes com seus trabalhos, e lembre que infelicidade também é uma causa de ansiedade. E para piorar, muitas pessoas hoje não são realmente felizes com as vidas que têm. Por exemplo: tem aqueles que aceitam um trabalho só pelo dinheiro e não por ser algo que amam. Isso significa fazer algo que você sequer tem interesse por cerca de 8 horas por dia.

Imagine quanto estresse e tristeza isso pode criar com o tempo. Existem outras pessoas que continuam tentando alcançar o que os outros esperam delas em vez de viver a vida de acordo com o que realmente desejam. O problema é que tem simplesmente gente demais que quer vencer neste mundo. Porém, para isso, é necessário fazer adaptações, até mesmo ao ponto de que essas pessoas acabam esquecendo quem são de verdade.

Se você permite ao mundo moderno ditar como viver sua vida, então é fácil perceber como você pode acabar desenvolvendo ansiedade. Se o que você deseja é uma vida sem ansiedade, ou até mesmo sem estresse, então o que você precisa é criar seus próprios padrões do que significa ser bem sucedido. Viva sua vida do jeito que quiser viver. Não permita que o mundo de hoje, com todas as expectativas, diga como você deve viver. Ao invés disso, crie suas próprias direções e não baseie sua felicidade no que as outras pessoas pensam ou dizem. Muitos dos transtornos de ansiedade vêm por não conseguir cumprir as expectativas ou medo de falhar em agradar outras pessoas. O fato é: a vida não exige que você agrade aos outros; você só tem que agradar a si próprio e viver a vida do jeito que você achar melhor. Não é à toa que tantas pessoas hoje estejam infelizes e ansiosas. Essas pessoas são manipuladas diariamente para pensar que devem viver do jeito que o mundo espera que elas vivam em vez de como elas mesmas querem aproveitar cada dia de suas existências.

Mas claro, o mundo atual não é totalmente ruim ou estressante. Ainda há gente que não esqueceu da real importância de viver a própria vida e de seguir seus sonhos. É recomendado que você se cerque deste tipo de gente. Perceba que o mundo ainda é um lugar bonito e que cada segundo é um milagre. Considere cada dia como uma dádiva para vivenciar os milagres da vida.

Tenha ciência de seus pensamentos

Como diz o velho ditado: A qualidade da sua vida depende da qualidade dos seus pensamentos. Isto não só é um ditado mas também traz sabedoria para levar na vida. Você tem que ter cuidado com seus pensamentos e aprender a controlá-los. A ansiedade existe na mente. Se você conseguir conquistar sua mente tendo domínio dos seus pensamentos, você por se libertar das correntes da ansiedade. Contudo, controlar a mente não é uma tarefa fácil, embora não deixe de ser possível. O segredo não é tentar parar de pensar coisas negativas, mas sim colocar algo positivo no lugar. Afinal, se você simplesmente remover um pensamento negativo específico, o que vai restar no lugar não será nada além de um vazio. Logo, estudiosos do assunto recomendam que em vez de tentar "derrubar" estes pensamentos negativos, o correto a se fazer é focar nos pensamentos e coisas positivas, assim a negatividade desaparecerá por conta própria. Esse é o caminho para o domínio da mente.

Isto não quer que você deve ignorar a negatividade por completo, uma vez que também não se pode esperar que a vida seja sempre feliz e agradável. No entanto, um erro comum é focar na negatividade em excesso. Por exemplo: se você já se preocupou cinco vezes com o mesmo problema, por que se preocupar pela décima ou até pela vigésima vez ajudaria em algo? A preocupação excessiva só vai te dar ainda mais estresse e te deixar ansioso.

Tomar o controle dos seus pensamentos não é fácil, então não espere conseguir tão rápido. Contudo, quanto mais você pratica, mais fácil se torna, e menos ansioso você ficará.

É comum que as pessoas se preocupem demais sobre algumas coisas. Por exemplo: pessoas que fazem algo bobo por acidente e ficam constrangidas passam mais tempo do que o necessário revivendo o incidente em suas mentes, e se sentem cada vez pior com isso. O resultado é que a ansiedade cresce. Novamente, esteja ciente de seus pensamentos ou eles podem acabar te destruindo. Aprenda a mandar sua mente parar ou simplesmente pense em algo mais positivo. Lembre-se que o estado mental é muito importante quando se está lidando com ansiedade.

O que fazer se você tem ansiedade

Assim que você perceber que tem ansiedade, o melhor a se fazer logo de cara é se parabenizar por conseguir admitir o problema. Infelizmente, muita gente tem ansiedade e se recusa a aceitar a realidade. Também é necessário coragem e honestidade para admitir a si mesmo que a ansiedade está presente. Então, uma vez que você aceitar este fato, considere-se no caminho certo. O próximo passo é tomar alguma atitude. Se for algo que você considera sério demais, pode ser uma boa ideia consultar um psiquiatra imediatamente. Se você achar que a sua ansiedade é algo que consegue lidar por conta própria, então é hora de enfrentá-la. Muitas vezes, só enfrentar a ansiedade com coragem o bastante por diversas vezes já é o suficiente para superá-la.

Se você tem ansiedade, é importante desenvolver um plano de como você pretende vencê-la. Por exemplo: se for um problema de ansiedade social, trace um plano semanal sobre como você pode tentar se expor mais em ambientes sociais ou para as pessoas. Vencer a ansiedade costuma ser uma questão de enfrentar seus medos. Pode ser uma experiência que muda a sua vida, e com frequência esta mudança é para melhor, sendo justamente isto que faz essa batalha valer a pena.

Assim que estiver pronto para vencer sua ansiedade, basta por em prática as técnicas que vamos discutir no próximo capítulo. Certifique-se de seguir as técnicas corretamente, e, acima de tudo, com afinco e nunca perder as esperanças.

Sua relação consigo mesmo

Se você quer superar a ansiedade, é necessário construir uma boa relação consigo mesmo. Lutar contra a ansiedade tende a ser uma batalha contra si mesmo. Não há nada que pode te libertar da ansiedade além de si mesmo. Ao invés de odiar quem você é por ter ansiedade, você deve se abrir mais e aprender a ouvir a si mesmo. Às vezes a ansiedade é só um jeito de te lembrar que você deve cuidar e amar a si mesmo.

Se a ansiedade se tornar muito severa, você pode acabar se vendo sozinho. Note que em vez de se sentir mal e desesperançoso, você deve perceber o quanto você é forte, você está vivo. Você é um sobrevivente. Algumas vezes vai ser a justamente a ansiedade que vai te mostrar o quão forte você é de verdade. Então em vez de enxergar a ansiedade como uma doença ou um transtorno, considere-a como um desafio.

Pessoas que lidam com ansiedade aprendem a focar mais em si. Você precisa parar e compreender a si próprio. Pergunte-se o que está causando sua ansiedade. Tente compreender o pânico, o medo, o estresse extremo que você está encarando. Você precisa se ouvir e se entender. A ansiedade pode te ensinar a construir um relacionamento consigo mesmo. Nos dias de hoje, é comum que as pessoas se menosprezem e se concentrem mais nas coisas materiais. Como você já deve saber, a perseguição contínua de ganhos materiais pode logo levar à tristeza e ao vazio, e consequentemente ao estresse, e o estresse pode levar à ansiedade. Ao ter um relacionamento consigo mesmo, é possível prestar atenção e ouvir o que você precisa de verdade ao invés de apenas obedecer o que a mídia te induz a fazer. Conhecer a si mesmo e estar satisfeito com quem você é e o que você tem são coisas importantes e necessárias para se libertar da ansiedade.

Mesmo que você tenha alguma forma de ansiedade, não seja como aqueles que sempre sentem pena deles mesmos. Essa atitude só fará com que você se sinta ainda pior sobre você. Então, lembre-se de manter as forças e entender que essa é justamente a hora para mostrar toda a sua coragem. Nunca sucumba ao medo.

Sua relação com o mundo.

A ansiedade pode mudar o jeito que você lida com outras pessoas. Claro, se a sua ansiedade envolver apenas medo de aranhas ou algo do tipo, então é bem mais fácil de tratar. Porém, se sua ansiedade é algo mais sério, como ansiedade social, então pode afetar sua vida de maneira mais significativa. Esta é outra razão pela qual você deve tratar dela no momento que a reconhecer. Caso não seja devidamente tratada, ela pode ter efeitos adversos nas suas relações pessoais e profissionais, e isso pode resultar em um impacto negativo na sua vida. Inclusive, tais efeitos podem até mesmo te tornar ainda mais ansioso do que você já é.

Então, como lidar com o mundo quando você tem ansiedade? Tem pessoas que tentam esconder sua ansiedade dos outros. Esta não é uma boa abordagem, uma vez que não incentiva a sinceridade. Vale apontar que você não deve se sentir envergonhado da sua ansiedade. O primeiro passo pra se libertar da ansiedade é reconhecer que de fato você a tem. Daí pra frente, você pode dar os passos necessários e tomar atitudes positivas para resolver o problema.

Novamente: não tenha vergonha de si mesmo por causa da ansiedade. Existem mais pessoas ansiosas no mundo do que você imagina.

Você deve se aceitar, incluindo sua ansiedade. Se você não consegue se aceitar, não pode esperar que as outras pessoas te aceitem e te respeitem. Entenda que se aceitar e aceitar o seu estado mental atual não significa que você não vai trabalhar pra melhorar e vencer sua ansiedade. Na verdade, significa que você reconhece a situação, e, além disso, enfatiza o fato de você não é a sua ansiedade, e que ela sequer é parte de você. Ao enxergar a ansiedade como algo completamente à parte de você, fica mais fácil de superá-la.

Capítulo 3: Como Superar a Ansiedade Naturalmente

Sabedoria e aplicação

Quando o assunto é vencer a ansiedade, é importante equipar-se com os conhecimentos certos. O primeiro passo é compreender o que é a ansiedade. Se você não se esforçar para entendê-la, então você não saberá como responder a ela. Até aqui, você já deve ter adquirido uma boa do que se trata a ansiedade como um todo. Se não, volte um pouco e dê uma olhada novamente nos dois capítulos anteriores.

Ansiedade não é um assunto complicado; porém, deve-se notar que conhecimento por si só não é o suficiente para superar todas os tipos de ansiedade. Conhecer o inimigo é somente metade da batalha, mas você ainda precisa determinar como vai fazer para vencer. Logo, você deve aprender o máximo que puder sobre o assunto, incluindo as diferentes técnicas para lidar com a ansiedade, e então colocá-las em prática.

Novamente, é de suma importância que adquirir o conhecimento certo e deixar que este conhecimento se converta em ações positivas é essencial quando o assunto é se livrar da ansiedade. Infelizmente, algumas pessoas ficam presas apenas na primeira parte da solução, ou seja, em ler e adquirir conhecimentos, mas falham em agir. Conhecimento e aplicação são ambos importantes. Ter o conhecimento certo permitirá que você saiba as atitudes positivas corretas a serem tomadas para se libertar da ansiedade.

Autorreflexão

Se você está lutando contra a ansiedade, é importante que você aprenda a dedicar um pouco de seu tempo para refletir sobre si mesmo e sua vida. Ao entender a si mesmo, você será mais capaz de entender como lidar com o que quer que esteja te deixando ansioso. Toda noite, antes de dormir, crie a rotina de analisar o que aconteceu durante o dia. Pergunte-se como você encarou os desafios e os eventos do dia. Procure extrair o máximo possível de sua reflexão, mas não seja muito duro consigo mesmo, se você identificar algo que poderia melhorar, tome atitudes para desenvolver esse ponto.

Às vezes não é realmente necessário agir. O importante é apenas compreender a situação e a si mesmo. Um bom método de autorreflexão é manter um diário pessoal, e já que é pessoal, você está livre para escrever qualquer coisa. O ideal é que você escreva tudo que te deixa ansioso, bem como os passos a frente que você tem dado para enfrentar essas coisas. Você também deve escrever seus pensamentos importantes neste diário. Quanto mais anotações forem feitas no diário, melhor. Fazendo isso, você conseguirá se enxergar por outro ângulo, de uma perspectiva distante da que está acostumado e livre de preconceitos. Vai ser como olhar para outra pessoa e finalmente conseguir enxergá-la com clareza. Portanto, atualize seu diário regularmente e seja totalmente honesto em tudo que você anota nele.

Tradicionalmente, as pessoas utilizavam cadernos para escrever seus diários; mas considerando os tempos atuais e as tecnologias avançadas, você pode escrever seu diário no computador ou mesmo no seu celular. Além disso, quando estiver escrevendo no diário, não é necessário agir como um escritor profissional, nem mesmo criar parágrafos ou uma narrativa padronizada. Há apenas duas coisas importantes para se ter em mente: Você deve atualizar seu diário regularmente, de preferência todos os dias; e ser totalmente honesto em tudo que escrever nele. O diário servirá como um espelho de quem você é como pessoa. Ao ler seu diário, você conseguirá se enxergar com nitidez, e, desta forma, conseguirá reconhecer melhor as coisas que você pode aprimorar em si mesmo. Isso também permitirá identificar maneiras melhores de lidar com a ansiedade. Uma vez que o diário possibilite se ver de um ângulo distinto e pensar fora da caixa, você será mais objetivo e eficiente em sua abordagem.

Meditação

A prática regular da meditação é um dos melhores meios para vencer a ansiedade. Todas as técnicas de meditação podem te ajudar a se sentir mais tranquilo e relaxado. Não é segredo que uma das melhores técnicas de meditação ainda é a mais básica, conhecida como meditação da respiração. Como o nome implica, essa meditação trabalha com a concentração na respiração.

Passo 1: Assuma uma posição para meditar. Pode ser em pé, sentado, ou deitado. O importante é manter sua coluna reta.

Passo 2: Feche seus olhos e relaxe.

Passo 3: Concentre-se na sua respiração. Concentre-se em cada inspiração e expiração. Preste atenção também no intervalo entre inspirar e expirar, e mantenha-o estável.

Como você pode ver, esta técnica de meditação é muito simples, e é justamente essa simplicidade que a torna eficiente. Há muitos meditadores que praticam esta técnica por vários anos. Inclusive, até o grande Buda praticava esta meditação.

Normalmente, a mente está repleta de pensamentos. Quando você medita, a mente aprende a cessar essa barulheira interminável e focar em um único pensamento ou mantra. Neste caso, o foco é a sua respiração.

Embora esta técnica seja simples, você pode se surpreender com a dificuldade dela. Especialmente quando você está começando, a mente não está acostumada a parar. No Budismo, isso é chamado de "mente do macaco", onde a mente é como um macaco que pula de um galho para outro. Neste caso, a mente pula de um pensamento para outro. Não perca a coragem caso você não consiga fazer direito nas primeiras tentativas. Meditação exige prática. Quanto mais você pratica, melhor você fica. Aqui está um presente pra você que leu até aqui. Este áudio pode te ajudar com sua prática de meditação.

Cerque-se de pessoas positivas

É fato que uma das causas comuns de muitos problemas são as pessoas. Portanto, é importante que você se cerque de pessoas positivas, pessoas que vão te ajudar e te puxar pra cima. Evite pessoas que julgam e veem problemas em tudo. Quando você se cerca de boas pessoas, também fica mais fácil de sentir-se bem consigo mesmo, e até mesmo sentir-se de bem com a vida. Quanto mais tempo você passa com gente positiva, mais você perceberá que seus pensamentos também se tornam positivos. Como você já sabe, quando o assunto é ansiedade, a qualidade dos pensamentos que você armazena em sua mente é considerada muito importante. Logo, fique próximo de pessoas positivas o máximo possível e mantenha distância daqueles que fazem você se sentir mal. É lógico, há vezes em que você não tem como evitar pessoas negativas. Nessas situações, o melhor a se fazer é minimizar a interação, e remover-se do grupo o mais rápido possível. Lembre-se que é muito melhor estar sozinho e feliz do que passar seu tempo com pessoas que fazem com que você se sinta mal. Pior ainda, se você passa tempo demais com pessoas negativas, você pode acabar igual a elas.

Embora você nem sempre vá ter opção em relação a quem será seu chefe ou quem serão os seus companheiros de trabalho, você sempre tem a liberdade de escolher com quem você se associa. Você tem a opção de se abrir para alguém ou não.

Escolha seus amigos de verdade com cuidado.

Exposição

Este é outro método eficiente para lidar com a ansiedade, especialmente se o seu caso for ansiedade social. A chave para esta abordagem é simplesmente se expor ao que quer te deixe ansioso. Essa exposição contínua fará com que você se acostume ao que for, e perceba que não há razão para ficar ansioso. Uma vez que você tenha esta percepção, torna-se fácil de se livrar desse tipo de ansiedade.

Note que só a exposição não é o bastante; o que você precisa é se expor repetidas vezes para o motivo de sua ansiedade. Portanto, se você sofre de ansiedade social, então você deve se expor mais para as pessoas: Vá para festas, compareça a eventos públicos, convide um amigo para um almoço ou um café, etc. Na maior parte do tempo, o melhor jeito de vencer a ansiedade é apenas se deixar acostumar ao que te deixa ansioso. Não espere que seja fácil. Porém, quanto mais você se expõe, mais forte você fica. Depois de algum tempo, você começará a notar que finalmente é possível se libertar da ansiedade simplesmente encarando-a contínuamente.

Vida saudável

Você sabia que uma vida saudável pode melhorar sua auto-estima e confiança? Também fará com que você se sinta melhor sobre si mesmo naturalmente. Logo, ter um estilo de vida saudável é uma maneira eficiente de combater a ansiedade. Estudos mostram que pessoas que levam uma dieta saudável e se exercitam regularmente são normalmente menos ansiosos que aqueles que não fazem isso. Você não precisa reduzir sua dieta ao ponto em que você passe fome ou sinta tontura, nem começar a se exercitar 14 horas por semana. No entanto, você deve tornar um hábito comer coisas nutritivas e tentar suar um pouco de vez em quando.

Pensamento positivo

Quando o assunto é vencer qualquer tipo de ansiedade, pensamento positivo é considerado um elemento muito importante. Assista este vídeo sobre pensamento positivo. O fato é que, apenar por treinar a mente para pensar positivo, você já consegue se livrar de muitas formas de ansiedade. A mente é poderosa assim. Infelizmente, a mente também é uma faca de dois gumes no sentido de que se você falhar em controlá-la e ela pender para o lado negativo, então você pode acabar tornando-se ansioso também. Logo, é importante que você aprenda a controlar a mente para que possa viver uma vida sem ansiedade.

A ciência provou que a mente pode ser treinada. Portanto, se você treinar sua mente para nutrir pensamentos negativos que te deixam ansioso, você com certeza vai acabar muito estressado. Porém, aplicando este mesmo princípio, também é possível treinar sua mente para sempre trazer pensamentos positivos, e isto é um ponto chave para curar a ansiedade. Daqui pra frente, esteja obstinado em recusar os pensamentos negativos e concentre-se em coisas positivas. Isto pode não ser fácil nas primeiras tentativas, mas logo você vai se acostumar contanto que você persista nesta prática.

Mas, como você pensa positivo quando está ansioso? Esta é uma boa pergunta. Afinal de contas, como você pode pensar em coisas felizes quando está com medo? Embora isto possa te surpreender, o jeito para fazer com que isto funcione é simples. Pare de racionalizar e simplesmente pense e concentre-se em algo que é mais positivo. Depois de algum tempo, você será capaz de se ajustar e se acostumar a este novo padrão de pensamento. Aprenda a pensar positivamente e ver o lado bom de cada situação. Afinal, há luz até nos momentos mais escuros. Se você for capaz de encontrar esta luz, você também conseguirá encontrar a força necessária para enfrentar a escuridão.

Paciência

Superar a ansiedade demora, então você precisa ter paciência. Não se deixe levar pelo estresse enquanto tenta. Isso só vai te deixar ainda mais ansioso. Ao invés disso, considere sua batalha contra a ansiedade uma prática que você deve manter até que você consiga superar por completo seu problema.

Não existe um jeito difícil e rápido para isso. Algumas pessoas podem conseguir em poucos dias, enquanto outras ainda podem levar semanas ou meses. Só porque sua ansiedade continua mesmo depois de uma semana tentando não significa que a técnica que você está usando não seja eficiente. Superar a ansiedade simplesmente demora, e isso é algo normal.

Uma boa técnica que você deve sempre ter em mente ao exercitar a paciência é evitar pensar demais. Pare de se incomodar pensando se você está ou não progredindo. Preocupação demais apenas eleva o seu nível de estresse. Portanto, tente focar em aplicar estas técnicas para superar a ansiedade. Você vai perceber que não se vence a ansiedade se concentrando nela em si. Ao contrário, você deve substituí-la por pensamentos, ações e atitudes mais saudáveis.

Cometa erros

Essa é uma técnica que funciona bem se você tem ansiedade social. O principal aqui é intencionalmente fazer acontecer o que quer que você esteja tentando evitar. O que você vai notar é que seu medo é, na verdade, infundado, e que não há nada para se preocupar de verdade. Por exemplo: você teme que outra pessoa possa pensar que você é rude se não falar com ela? Então faça isso de propósito e veja se o medo que você sente é fundado ou racional. Uma boa maneira de por isto em prática é ir a uma loja e comprar alguma coisa. Quando estiver no caixa, ignore o atendente e não diga uma palavra sequer mesmo que ele te cumprimente. Se você se preocupar que a outra pessoa possa te achar rude, este é um bom experimento. O que você vai aprender com este exercício é que o medo por si só é muito mais poderoso que a experiência real. Outra percepção que você pode ter com este ou outro exercício similar é que não há razão para estar ansioso no geral.

Ouça músicas relaxantes

Ouvir músicas relaxantes, de preferências lentas e instrumentais, é um jeito bem eficiente de te manter calmo e relaxado. Tente por toda sua concentração na música e não pensar em nada. Deixe a música te levar para um lugar de serenidade, paz e relaxamento profundo. Muitas vezes, quando estiver se sentindo ansioso, tudo que você precisa é relaxar e não fazer mais nada. E na maior parte do tempo, são exatamente os seus pensamentos que vão te fazer sentir ainda pior. Porém, se você se permitir relaxar, você vai perceber que não há razão para se sentir ansioso. Ouvir músicas relaxantes também é uma boa maneira de limpar sua mente e pensar de forma mais positiva.

Relaxamento físico

Não há duvidas que relaxar é importante quando o assunto é triunfar sobre sua ansiedade. A ansiedade normalmente te deixa tenso e desconfortável. Quando você relaxa, você consegue liberar essa tensão que estava carregando. Uma boa maneira de conseguir isso é com uma massagem. Outra maneira eficiente é fazer amor. Sim, sexo pode se tornar uma atividade relaxante. A endorfina que seu corpo libera quando você faz amor podem te deixar mais calmo e relaxado. Não é segredo que a mente segue a atividade do corpo. Se seu corpo está cansado, então a sua mente também tende a estar cansada.

Logo, se você relaxar o seu corpo, sua mente também vai relaxar. Quando a mente relaxa ela atinge seu nível mais produtivo. Então, torne um hábito deixar seu corpo relaxar e aproveite para limpar a mente junto.

Controle sua respiração

Já percebeu como a sua respiração parece seguir seu estado mental? Por exemplo: quando você está relaxado, sua respiração é mais lenta e suave. No entanto, quando está sob pressão, a tendência é respirar mais rápido e forte. Também é normal as pessoas soltarem um suspiro quando se sentem exaustas. Já faz muito tempo que a respiração é associada ao estado mental. Também existem muitos problemas de ansiedade que estão associados a maus hábitos respiratórios. Normalmente, as pessoas não exercitam todo seu potencial respiratório, ou seja, é raro que preencham ao máximo seus pulmões. O jeito correto de respirar é fazê-lo conscientemente. Não é para menos que muitos dos que sofrem de ansiedade passam por isso simplesmente por conta de seus hábitos respiratórios. Ao corrigir sua respiração, a ansiedade pode desaparecer. Uma boa maneira de fazer isso é aprender a respirar do jeito correto e consciente. Inspire devagar e se encha de ar fresco. Segure o ar dentro de você por alguns segundos, e então expire lentamente. Relaxe conforme você respira. Esta técnica também é um método eficiente de evitar hiperventilar, algo comum entre aqueles que têm ansiedade.

Superar a ansiedade com um amigo

Sua luta contra a ansiedade não precisa ser uma experiência solitária. Se você é do tipo cheio de amigos, você pode querer confrontar seus problemas junto de um deles. Isto é bom se você tiver um amigo que também sofre de ansiedade. Convide-o para a batalha e superem a ansiedade juntos. Desta forma você não se sentirá tão sozinho. Se escolher trabalhar com um amigo, certifique-se de que seja alguém que está levando esta batalha a sério. Ele tem que ter força de vontade; caso contrário, ele pode acabar sendo um fardo em vez de alguém que poderia te encorajar. Também é bom encontrar um amigo que tenha o mesmo tipo de ansiedade que você. Um problema comum entre as pessoas que sofrem de ansiedade é que elas sempre se sentem solitárias no mundo. Elas pensam e sentem que ninguém as entende, e logo se sentem indefesos e impotentes. Mas isso não é verdade. O fato é que há muitas pessoas por aí que sofrem dos mesmos problemas de ansiedade que você. O que é mais surpreendente nisso tudo é que estas mesmas pessoas acreditam que ninguém consegue entendê-las, sem perceber que outras pessoas têm os mesmos problemas e também acreditam estar sozinhas. É claro que, elas nunca estão sozinhas de fato, assim como você também não. Outras pessoas provavelmente estão numa posição parecida com a sua, sentindo as mesmas coisas e tendo os mesmos pensamentos. Porém, para conseguir se conectar com essas pessoas, é necessário alcançá-las e mostrar a elas que você existe e que está lá por elas.

Extravazar

Lutar contra a ansiedade pode ser um tormento. Às vezes ajuda simplesmente por pra fora o que você estiver sentindo. Grite se sentir vontade; quebre coisas se quiser. Para esta abordagem, você precisa de um lugar onde não vá ser incomodado, e onde você possa ser você mesmo. Durante estes momentos em que a ansiedade está além do tolerável, vá para este lugar secreto e solte suas emoções. Não se segure. Deixe toda a energia negativa sair do seu corpo. Liberte todo o ódio e as frustrações. Nesta abordagem você não luta contra a ansiedade. Ao contrário, você a aceita. Seja totalmente sincero em relação aos seus sentimentos e deixe sair. Não há maneira errada de fazer isto contanto que você esteja sendo sincero. O segredo é apenas liberar toda a tensão que estiver sentindo. Este exercício fará com que você se sinta bem e relaxado. Às vezes a melhor maneira de lidar com a ansiedade é aceitar sua existência e expressar abertamente como você se sente.

Use afirmações

Afirmações podem não funcionar com todo mundo mas ainda é uma técnica útil. Quando for usar afirmações, há algumas regras a serem seguidas:

- Mantenha a positividade.
- Use o tempo presente.
- Aplique o poder da repetição.
- Acredite.

Ou seja, ao invés de dizer "Não estou mais ansioso" você pode dizer "Estou me sentindo cada vez melhor". Aqui está sua caixa de ferramentas para lutar contra a ansiedade. Note que é importante acreditar no que você está afirmando. Sem fé, esta técnica não funciona. Acredite como se o que está afirmando já tivesse acontecido. Esta é a razão pela qual essa técnica não funciona com todos. Algumas pessoas simplesmente não têm fé no poder da afirmação, portanto não funciona para elas. Também é recomendado que você seja fiel à mesma afirmação. Não usa afirmações diferentes ao mesmo tempo.

Defina gatilhos

Na próxima vez que sofrer uma crise de ansiedade, preste atenção em como você se sente, incluindo os pensamentos que você estava tendo antes da crise. Isso vai te dar algumas pistas para os gatilhos que podem te avisar sobre alguma crise que está por vir. Este conhecimento pode prevenir outras crises. Assim que você identificar estes gatilhos como respiração ofegante ou tontura, você já vai saber que na próxima vez que sentir isso deverá ter cuidado. Quando você percebe os gatilhos, saiba que é a sua ansiedade tentando te controlar.

Experimente

Sinta-se livre para experimentar e aprender outras maneiras de vencer a ansiedade. Afinal de contas, ansiedade não é algo que se resolve apenas lendo livros; existem muitas formas diferentes dependendo das circunstâncias da pessoa que está sofrendo com ela. Além disso, só porque uma técnica específica funciona com uma pessoa, não significa que também será eficiente quando utilizada por outra. Em outras palavras, o que funciona pra um nem sempre funciona pra outro. Logo, experimente diferentes técnicas e veja qual funciona melhor para você. Lembre que não existe meio rápido de vencer, mas é um pouco de tentativa e erro. Então, não hesite em experimentar e ver o que é melhor no seu caso.

Descanse

Vencer a ansiedade não é algo que acontece da noite pro dia. Você precisa se dar um descanso às vezes. Descansar significa não ligar para a ansiedade. Inclusive, nem pense no assunto. Pare de lutar. Tudo o que você precisa é relaxar e aproveitar a vida. Este é o momento perfeito para sair de férias com a sua família.

Não significa que você esteja desistindo. Pelo contrário, descansar é um passo essencial para lidar com a ansiedade. Você terá mais disposição para vencer se você se der um descanso. Você precisa aproveitar essa oportunidade e limpar a sua mente. Descansar vai permitir que você encare a ansiedade de forma mais eficiente.

Pratique

Vencer a ansiedade requer muitas ações positivas. Você precisa transformar seu conhecimento em prática real, e precisa fazer isso de maneira contínua. Se esta é sua primeira vez enfrentando a ansiedade, você pode não conseguir superar rapidamente mesmo que aplique as técnicas corretas. Porém, não desanime. Quanto mais você persistir na sua prática, mais você ficará bom em vencer a ansiedade.

E se você falhar? Algumas pessoas se preocupam com falhar. Elas temem que apesar de todo o esforço, possam acabar não conseguindo. Você precisa ter em mente que quando se luta contra a ansiedade, não há como ser derrotado a não ser que você desista. Se perceber que uma abordagem específica não funciona, então é uma lição que você deve aprender, e ela vai te aproximar mais da abordagem correta. Assim que você finalmente enfrentar sua ansiedade, perceberá que na verdade é uma jornada de auto descobrimento. Não é mais um caso de apenas se libertar da ansiedade, mas sim de ter paz consigo mesmo, assim como se conhecer e aceitar quem você é. Como pode ver, às vezes é o seu próprio problema que vai te ensinar o melhor jeito de viver a vida. Portanto, não considere a ansiedade uma maldição. Em vez disso, veja como uma oportunidade de se conhecer melhor e não desista, seja persistente nas suas tentativas.

Conclusão

Obrigado por chegar ao fim deste livro.

O próximo passo é aplicar tudo que você aprendeu e finalmente se livrar da ansiedade. Afinal de contas, a ansiedade diminui sua qualidade de vida. Lembre-se: Você merece ser feliz.

A batalha contra a ansiedade pode não ser fácil, mas com certeza vale a pena. O lado positivo é que enfrentar a ansiedade te ajudará a crescer como pessoa. Também vai revelar suas forças ocultas. No entanto, não espere que seja fácil. É, acima de tudo, uma batalha consigo mesmo, contra sua própria mente. Não importa o que aconteça, não se esqueça que você é o mestre da sua vida, e que você tem poder sobre sua ansiedade. Mantenha-se forte e encare sua ansiedade com coragem.

Você não está sozinho neste mundo. Em algum lugar lá fora, existem pessoas que também estão enfrentando suas próprias ansiedades pensando que estão sozinhas nesta batalha. Mas, ninguém está de fato sozinho. Você nunca está sozinho. A ansiedade também não é o inimigo real. Neste ponto você já deve ter percebido que quando você lida com ansiedade, você, na verdade, lida consigo mesmo e encara a parte de si que tem tentado evitar.

Enfrentar a ansiedade não deve ser algo do qual você se envergonha. Afinal, vivemos em um mundo cheio de pessoas ansiosas. Pior ainda, elas nem sequer estão cientes da própria ansiedade. Além disso, enfrentar a ansiedade é um ato de coragem, então não importa qual seja a sua ansiedade, não veja o seu estado atual como uma fraqueza. Pelo contrário, reconheça e aprecie o guerreiro que você é. No fim das contas, pelo menos uma vez na vida, todos temos que enfrentar nossos próprios fantasmas. Agora é a hora de você enfrentar os seus, e viver uma vida mais feliz.

Obrigado e boa sorte!

www.ingramcontent.com/pod-product-compliance
Lightning Source LLC
Chambersburg PA
CBHW071233020426
42333CB00015B/1459